# El cuerpo HUMANO

Gina Samba • Judit Piella

edebé

# ¡Bienvenidos al cuerpo humano!

El cuerpo es una **máquina llena de vida** con la que podemos andar, correr, nadar y trepar. También respirar, reír a carcajadas, pensar y llorar. Si pudiéramos ver qué hay debajo de la piel y cómo son los órganos que hacen funcionar nuestro cuerpo a la perfección, nos quedaríamos asombradísimos.

Empieza una fascinante aventura que te permitirá descubrir los misterios que esconde nuestro organismo: desde el cerebro hasta la piel, pasando por los músculos, las arterias o el corazón.

# El cerebro: la gran central

Uno de los órganos más importantes de nuestro cuerpo es el **cerebro**, la gran central. Gracias a él pensamos, ¡tenemos ideas!, aprendemos, vemos, oímos y hablamos, entre otras muchas cosas.

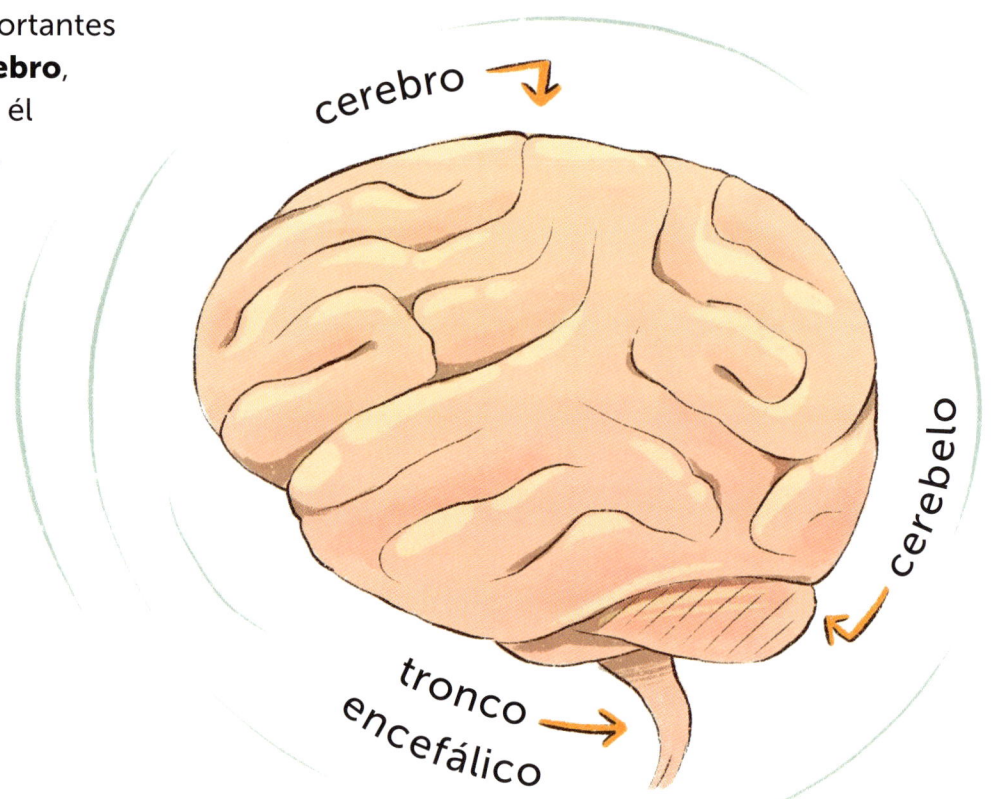

cerebro

cerebelo

tronco encefálico

El cerebro está formado por varias partes llamadas *lóbulos*, y cada una tiene una función distinta. Su superficie muestra unos pliegues similares a las rugosidades de una nuez. El cerebro contiene millones de neuronas que, como si fueran los cables de una supercomputadora, mandan información a todos los órganos de nuestro cuerpo. Junto al cerebro, están el **cerebelo**, que controla el movimiento, y el **tronco encefálico**, que se encarga de la respiración y del latido del corazón.

# El corazón: el ritmo de la vida

Si el cerebro es la central de mandos, el **corazón** es nuestro **motor**. Se encuentra en el centro del pecho (un poco hacia la izquierda), arropado por los pulmones y protegido por las costillas.

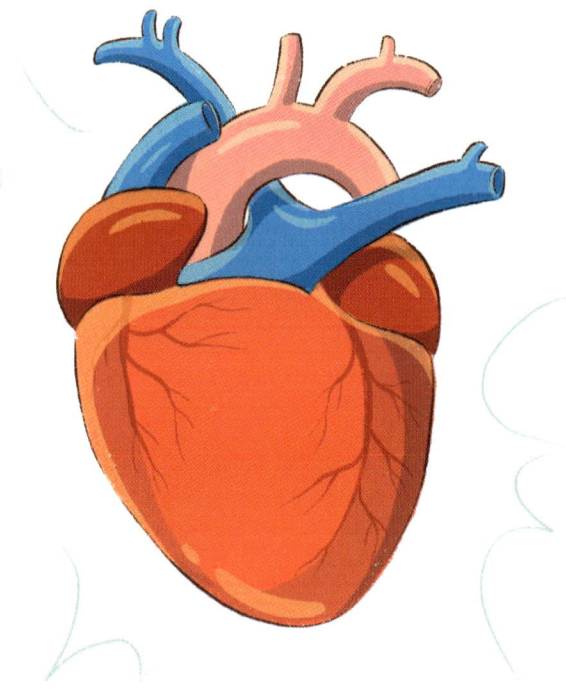

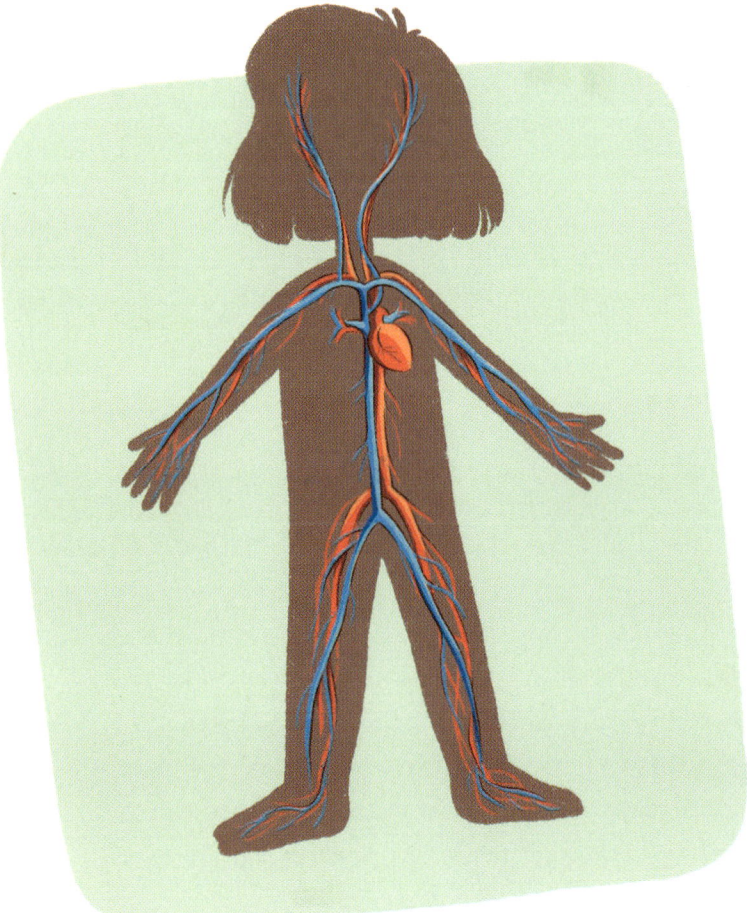

El corazón es un músculo, que, latido a latido, mueve toda nuestra **sangre**. Por cierto, ¿sabías que tenemos entre cinco y seis litros? La sangre corre por las **arterias** y las **venas**. Las primeras reparten sangre oxigenada por el cuerpo. Las segundas devuelven la sangre sucia y con poco oxígeno al corazón y los pulmones. Suerte que por el camino hay órganos que se encargan de limpiarla, como el hígado y los riñones.

# Aire fresco para respirar

¿Notas cómo se hincha tu pecho cuando respiras? ¡Son tus **pulmones**! Se hinchan cada vez que tomas aire y se deshinchan cuando lo sueltas. Al inspirar por la nariz, tomamos el oxígeno que hay en el exterior.

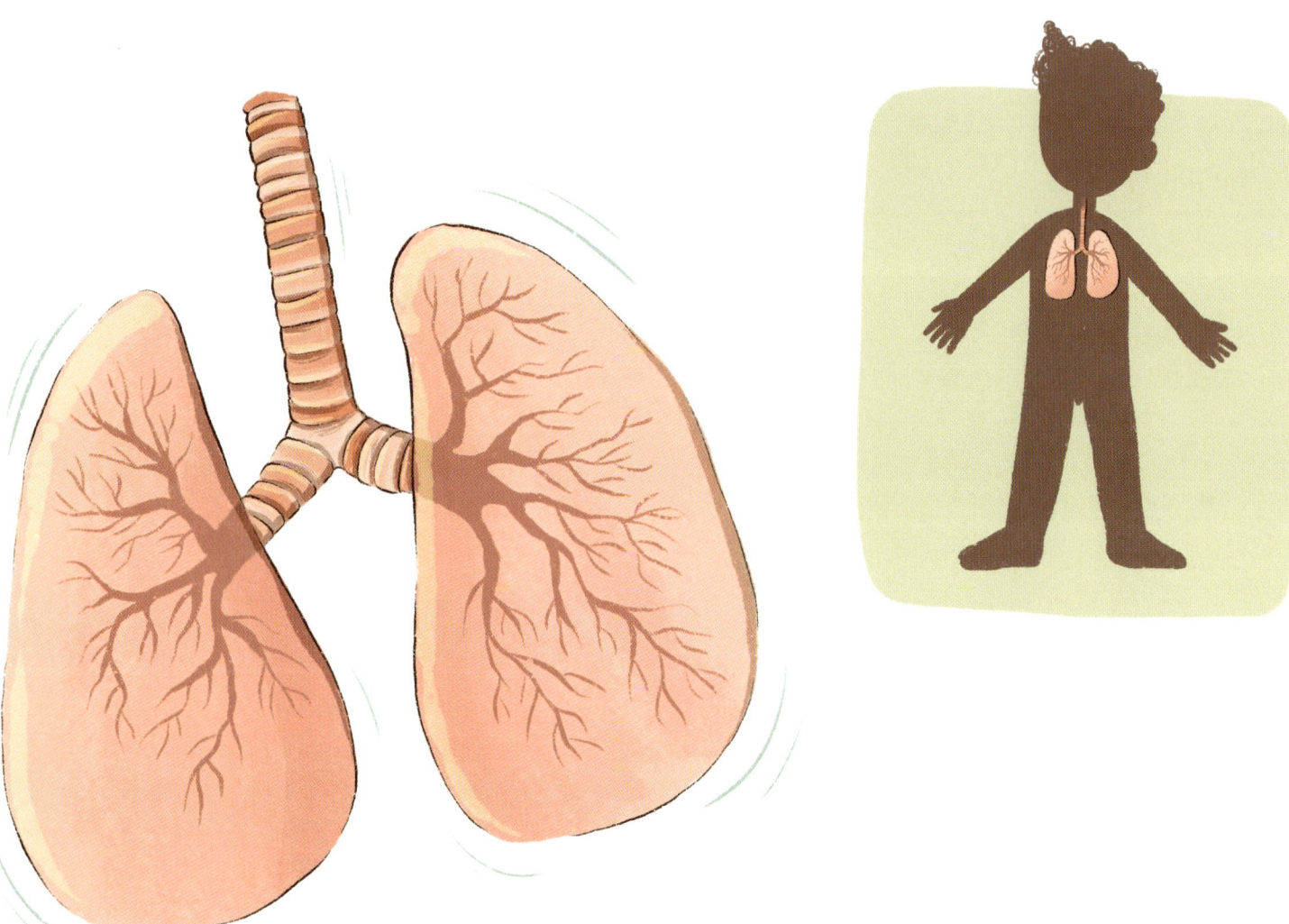

Cuando el oxígeno llega a los pulmones, pasa a la sangre y los glóbulos rojos lo transportan a los diferentes órganos y tejidos para que nuestras células puedan funcionar. Como nuestro cuerpo trabaja sin cesar, tanta actividad genera un gas llamado *dióxido de carbono*, que es el gas que expulsamos al espirar.

# ¡Mueve el esqueleto!

Es bien sabido que los seres humanos andamos sobre dos piernas. Si nos mantenemos de pie es por el **esqueleto**, un armazón formado por 206 huesos sumamente resistentes. De entre todos ellos, la columna vertebral es la que nos permite mantenernos erguidos, además de sostener nuestro cráneo y facilitarnos el movimiento. Sin el esqueleto y los músculos, seríamos una masa blandengue que se arrastra por el suelo como una babosa.

Además, el esqueleto funciona a modo de armadura para proteger órganos como el cerebro, el corazón o los pulmones. ¡Un trabajo muy importante! ¿Sabías que el hueso más largo es el **fémur** y se encuentra en el muslo? El más pequeño es el **estribo** y está en el oído interno.

# Los músculos, nuestra tira elástica

Qué gusto da desperezarse por la mañana estirando bien todo el cuerpo para empezar el día con energía, ¿verdad? Cuando lo hacemos, extendemos los **músculos**, gracias a los cuales podemos movernos.

Los músculos son muy elásticos: al contraerse y extenderse, facilitan el movimiento. ¿Sabías que tenemos más de 600 en total? Algunos los movemos de manera voluntaria, como los de las piernas cuando caminamos o los de la cara cuando hacemos muecas. En cambio, otros se mueven automáticamente. Es el caso de los músculos del estómago o de los intestinos, que transportan los productos de la digestión hacia el ano, o los de la vejiga, que nos ayudan a aguantar o soltar la orina.

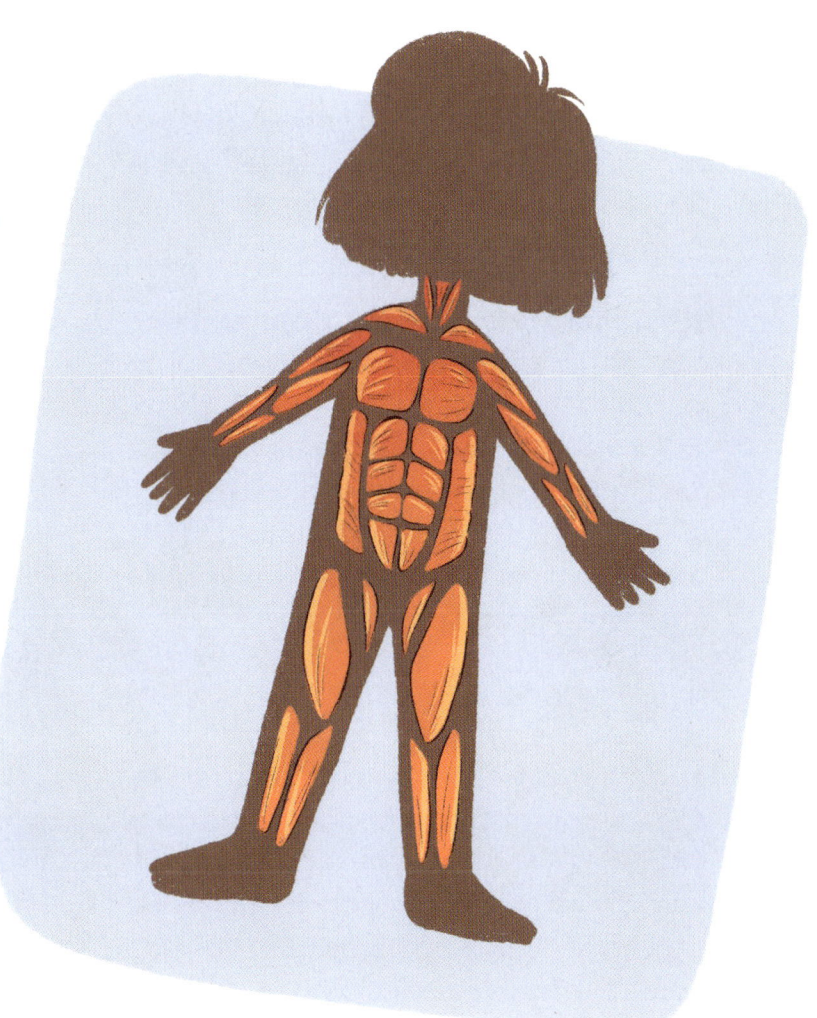

# La máquina trituradora

Con el movimiento de los músculos, al saltar o correr, nos entra apetito y comemos. Si te decimos que la comida está en nuestro cuerpo más de treinta horas, ¿te lo creerías?

El proceso de la **digestión** empieza cuando masticamos el alimento con los dientes; al mezclarse con la saliva, se forma una pasta que tragamos y que pasa, a través del **esófago**, al **estómago**, donde los jugos gástricos acaban de triturarla hasta convertirla en una papilla que llega al **intestino**.

Una vez allí, los nutrientes de los alimentos —las vitaminas, los minerales, los hidratos de carbono, las grasas y el agua— son absorbidos por las paredes intestinales y se incorporan a la sangre, que los distribuye por todo el organismo para que tengamos energía. Lo que nuestra máquina perfecta no necesita se expulsa cuando vamos al baño.

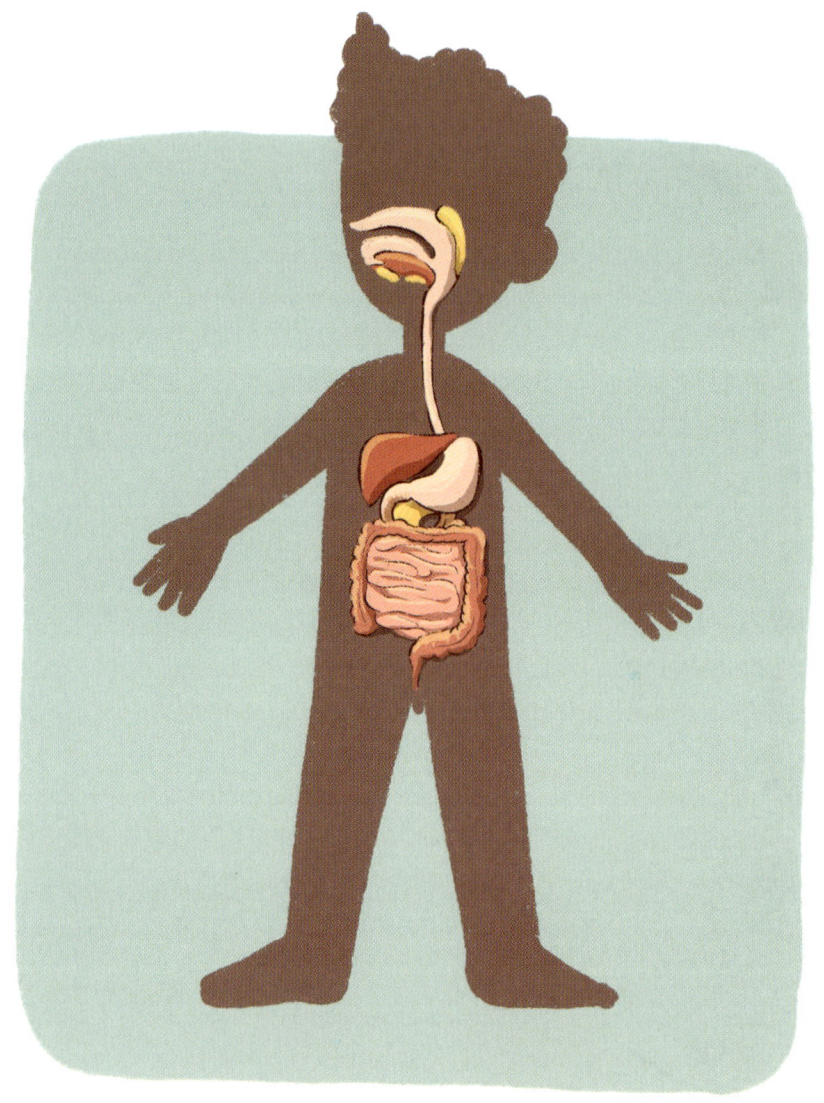

# Nuestro kit de limpieza

¿Sabes por qué es importante beber agua? Muy sencillo: porque nuestro cuerpo necesita hidratarse para limpiarse por dentro, eliminando así toxinas a través de la orina y del sudor. ¡Es nuestro kit de limpieza!

El agua recorre el organismo a través de la sangre, donde también se acumula suciedad. Cuando la sangre llega a los **riñones**, estos la filtran y el agua sucia es conducida hasta la **vejiga**, desde donde se elimina en forma de orina. La vejiga es un órgano en forma de recipiente que se va llenando, hasta que el cerebro nos avisa de que tenemos que vaciarlo haciendo pis.

## La piel: una superbarrera protectora

La **piel** es una barrera que nos protege del exterior. Nos defiende de microbios y temperaturas extremas. Tiene poros, unos agujeros minúsculos por los que sale el sudor cuando hace calor o hacemos ejercicio. ¡Son nuestro sistema de refrigeración! Gracias a ellos, el cuerpo mantiene la temperatura adecuada.

La piel también nos protege cuando nos hacemos una herida, creando una costra. ¿Sabes cómo? Al sangrar, las plaquetas, es decir, un tipo de células de la sangre, se amontonan formando un tapón en forma de costra que detiene el sangrado. Mientras tanto, la piel se va regenerando por debajo y, cuando está curada, esa costra se desprende.

# Nuestras antenas al mundo exterior

¿Te imaginas cómo sería la vida sin poder ver una película, sentir cosquillas en los pies, escuchar una carcajada u oler y saborear tu plato favorito? Nuestros **cinco sentidos (la vista, el oído, el tacto, el olfato y el gusto)** son los responsables de reunir la información del exterior y mandarla a nuestro cerebro a través de las neuronas.

¿Cómo lo hacen? Mediante los ojos, los oídos, la piel, la lengua y la nariz. Cuando el cerebro recibe la información, la reconoce y, en tan solo unos milisegundos, la interpreta. Eso sí, ¡cada cual a su manera! Por eso nos sentimos diferentes unos de otros. Los sentidos son nuestros aliados porque nos ayudan a interpretar el mundo exterior.

# El maravilloso ciclo de la vida

¿Sabías que todos empezamos siendo la unión de dos células, una de nuestro padre y otra de nuestra madre? La vida se origina cuando un **espermatozoide**, es decir, una célula masculina, fecunda un **óvulo**, que es una femenina. La carrera de los espermatozoides para fecundar es maratoniana y solo llega uno, el más veloz. Tras la fecundación, se forma un **embrión**, que va creciendo hasta convertirse en un bebé que nacerá al cabo de nueve meses.

Los primeros años de vida son un gran descubrimiento. Día a día, crecemos, aprendemos a andar, a hablar, a correr. Nuestro cuerpo cambia rápidamente, se nos caen los dientes de leche y nos salen otros nuevos, más fuertes. Con el paso del tiempo, nos hacemos adultos. Después, envejecemos y se nos cae el pelo o se vuelve blanco; los músculos se debilitan y, finalmente, morimos. ¡El maravilloso ciclo de la vida!

# Solo tienes un cuerpo, ¡cuídalo!

Nuestro cuerpo es una máquina perfecta que debemos mimar con cariño; por ejemplo, **durmiendo** y **descansando**, porque, mientras dormimos, nuestro cerebro se relaja de las actividades del día y se prepara para el siguiente.

Para cuidarlo, también es importante **hacer ejercicio** regularmente y alimentarnos bien. El deporte mantiene nuestros músculos ágiles y flexibles. Una **dieta rica en fruta, verdura, cereales y proteína** animal o vegetal nos ayuda a obtener una energía saludable. Además, los expertos recomiendan evitar el exceso de azúcar y de sal, y la comida procesada. Las golosinas, ¡para las ocasiones especiales!

## Fin del viaje

¡Qué gran aventura! Descubrir cómo funciona por dentro la máquina perfecta que es nuestro cuerpo, aceptarlo y mimarlo nos ayudará a llevar una vida saludable y plena. Aunque el organismo funcione igual en todas las personas, por fuera todos somos diferentes: más altos o más bajos, con el pelo rizado o liso, con ojos marrones, azules o verdes, y la piel clara u oscura. Cada uno de nosotros tenemos algo que nos hace únicos.

¡Cuida tu cuerpo y disfruta de la aventura de crecer!

# Curiosidades

Las **neuronas** se comunican mediante **impulsos eléctricos**. Con todas las que hay en nuestro cerebro, se podría generar la electricidad necesaria para encender una bombilla pequeña.

El **corazón** late entre 60 y 100 veces por minuto; es lo que se conoce como **ritmo cardíaco**. Con cada latido se mueven los cinco litros de sangre que tenemos en el cuerpo, aproximadamente. Un ritmo constante y frenético que nos da vida.

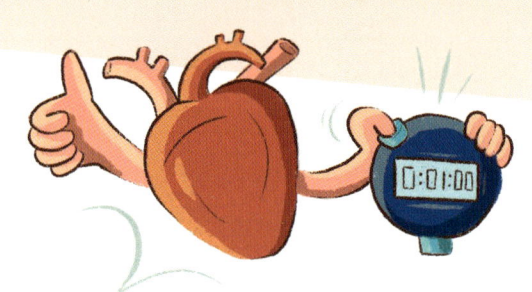

A medida que nos hacemos mayores, ¡«perdemos» **huesos**! Al nacer, un bebé tiene unos 300 huesos. Con el crecimiento, algunos de ellos se unen para formar otros más grandes y, por eso, un adulto tiene solamente 206.

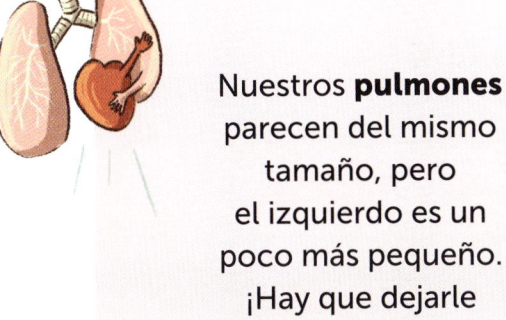

Nuestros **pulmones** parecen del mismo tamaño, pero el izquierdo es un poco más pequeño. ¡Hay que dejarle espacio al corazón!

Gracias a las **cuerdas vocales**, unas membranas que vibran cuando pasa el aire a través de ellas, podemos modular la voz y producir sonidos graves o agudos, gritar, susurrar o cantar a pleno pulmón. ¡La voz fue el primer instrumento musical!

Tu cuerpo produce un litro de **saliva**... ¡cada día!

1L

# GUÍA DIDÁCTICA

No hay nada más emocionante que leer con los pequeños de la casa, y abrirles las puertas a un mundo fascinante a través de la lectura. A continuación, proponemos algunas actividades que se pueden llevar a cabo durante la lectura del libro o al acabarlo.

## IMAGINAR Y CONVERSAR

Fomentar la imaginación de los pequeños y, después, reflexionar sobre ello ayuda a despertar su espíritu crítico. Las siguientes son algunas preguntas interesantes, pero se pueden formular muchas más.

- ¿Alguna vez has contado los latidos de tu corazón?
- ¿Cómo se movería la sangre si no tuviéramos venas ni arterias?
- ¿Crees que los animales tienen columna vertebral como los seres humanos?
- ¿Qué pasaría si no se formara una costra cuando nos hacemos una herida?
- ¿Te imaginas cómo sería un cerebro artificial? ¿Sería mejor que el humano?

## AGUZAR LOS SENTIDOS

Proponemos experimentar con los sentidos de una forma diferente:

### ¿Qué es?

Se trata de, con los ojos vendados, probar distintos alimentos. Debe procurarse que sean muy diferentes porque, además de adivinar el alimento, el objetivo es identificar si el sabor es dulce, salado, ácido o amargo.

### Aprender la lengua de signos

Una actividad interesante consiste en comunicar palabras empleando la lengua de signos; resulta fascinante comprobar cómo es posible decir un montón de cosas en silencio, moviendo tan solo los brazos, las manos y los labios.

## AFINAR LA CREATIVIDAD

El *collage* es una actividad tan divertida como creativa: con revistas o periódicos viejos, unas tijeras, cola blanca y un poco de imaginación, se pueden crear cuerpos diferentes a partir de recortes.

© 2026 Grupo Edebé
Paseo de San Juan Bosco, 62,
08017 Barcelona. España
www.edebe.com

Primera edición: enero, 2026

Realización editorial: Somnins
© Texto: Gina Samba
© Ilustraciones: Judit Piella
Asesora: Elisenda Laborda

Dirección editorial de Publicaciones no ficción: Marta Sans

ISBN: 978-84-683-7607-3
Depósito legal: B. 358-2025
Impreso en España.
Printed in Spain